HEEL Verlag GmbH
Gut Pottscheidt
53639 Königswinter
Tel.: 02223 9230-0
Fax: 02223 9230-13
E-Mail: info@heel-verlag.de
www.heel-verlag.de

2. Auflage 2021

Autor: Carsten Bothe
Satz und Gestaltung: gb-s Mediendesign, Königswinter
Coverdesign: Axel Mertens, Königswinter
Lektorat: Helge Wittkopp

Fotos: © Philipp Hympendahl
Mit Ausnahme von:
© Library of Congress, USA: S. 8, S. 9
© Carsten Bothe: S. 12, S. 19, S. 27 o., S. 66
Fotolia.de: © fahrwasser (S. 58, S. 60); M.studio (S. 72)

Dieses Kochbuch wurde nach bestem Wissen und Gewissen verfasst. Weder der Verlag noch der Autor tragen die Verantwortung für ungewollte Reaktionen oder Beeinträchtigungen, die aus der Verarbeitung der Zutaten entstehen.

Printed in Latvia
ISBN 978-3-95843-867-5

CARSTEN BOTHE

DAS KLEINE DUTCH OVEN BUCH

HEEL

Inhalt

★☆☆ Schwierigkeitsgrad
★★☆ von einfach
★★★ bis aufwendig

Starters

Geflügel

Rind & Schwein

Suppen

Beilagen

Brote

Liebe Leser,

wer hätte vor rund 20 Jahren, als ich die ersten Dutch Oven nach Deutschland importierte, gedacht, dass heute die schwarzen Pötte in jedem Baumarkt stehen und aus der Grill- und BBQ-Szene nicht mehr wegzudenken sind?

Als mich mein Verleger bat, meine Erfahrungen und mein Wissen mit und über die Dutch Oven in einem kleinen, praktischen Ratgeber für Anfänger zusammenzufassen, war ich sofort bereit dazu. In den letzten Jahren hat sich die Szene in einigen Sozialen Medien gefunden und dort werden Rezepte und Tipps ausgetauscht, die leider nicht immer ganz stimmig sind. Aber im Internet hat nicht derjenige Recht, der es richtig weiß, sondern der am meisten Aufmerksamkeit bekommt. So stellt ein Anfänger eine Frage, beispielsweise zum Einbrennen, und er erhält dutzende Antworten, die sich teilweise extrem widersprechen. Es bleibt dann ein User zurück, der nicht entscheiden kann, was richtig ist.

Diesen Umstand möchte ich mit dem vorliegenden Büchlein ändern. Hier steht alles drin, was Sie als Einsteiger wissen müssen, um mit dem neu erworbenen Topf sicher zum Erfolg zu kommen und schmackhafte, einfache Gerichte zuzubereiten.

Im Folgenden werden die häufigsten Anfänger-Fragen beantwortet, die gebräuchlichsten Größen und Zubehörteile erläutert, Brennmaterial

empfohlen und einige gängige Rezepte vorgestellt. „Das kleine Dutch-Oven-Buch“ soll Ihnen alle nötigen Informationen liefern, damit Sie herausfinden können, ob der Dutch Oven die richtige Ergänzung neben dem klassischen Grill ist. Sollte diese Entscheidung nach der Lektüre mit einem „Daumen hoch“ getroffen worden sein, dann gibt es mit den Standardwerken zum Thema (Das große Dutch-Oven-Buch, Dutch Oven – Kochen über offenem Feuer, Dutch Oven – Quick and Easy – alle im Heel-Verlag erschienen) noch genügend Material für optimales und erfolgreiches Feintuning.

In diesem Sinne wünsche ich Ihnen immer genug Glut unter dem Topf!

Herzlichst, Ihr

Carsten Bothe

Ein bisschen Geschichte

Der Dutch Oven begleitet die Amerikaner bereits seit Jahrhunderten und wird in historischen Erzählungen immer wieder als das wichtigste Utensil der großen Trecks beschrieben, die sich im frühen 18. Jahrhundert Richtung Westen bewegten. Die Dutch Oven lagerten in den „Chuckwagons", den Küchenwagen, die die großen Trecks und Viehtriebe begleiteten. Viele werden die Chuckwagons und auch die Dutch Oven aus Kinofilmen kennen, die vom Cowboyleben handeln. Mit den Dutch Oven wurden tatsächlich zahlreiche hungrige Cowboys bekocht. Für alle, die für ein paar Tage unter freiem Himmel campen mussten, gab es eine Ausführung aus leichterem Blech oder Alu. Doch mit diesen Dutch Oven umzugehen, war ungleich schwerer und nicht selten schmolz einem armen Cowboy der Aludeckel in die Bohnen, bevor diese gar waren. Zurück im Basislager oder auf der Ranch freute sich jeder Cowboy auf den Platz am Feuer und auf das Essen aus dem schweren Dutch Oven – und alle anderen warteten gespannt auf die ausgeschmückte Erzählung seiner Erlebnisse, während sie sich um das Feuer versammelten und aßen.

Ca. 1880: Cowboys beim Essen in der Prärie; im Hintergrund ein Chuckwagon

Cowboy Ende 1800

Auch für die ersten Siedler waren die Dutch Oven unentbehrlich. Hausierer sorgten damals für ihre Verbreitung. Sie entstammten der Siedlergruppe, die man „Pennsylvania Dutch" nannte. „Dutch" heißt übersetzt eigentlich „holländisch", jedoch weiß man heute, dass die Siedler Ohios und Pennsylvanias deutschen Ursprungs sind. Die Lautverwandtschaft zwischen „Dutch" und „Deutsch" scheint zu einem Missverständnis geführt zu haben, das bis heute nicht eindeutig geklärt werden konnte.

Der Besitz einer Sammlung von gusseisernem Küchengeschirr stellte damals einen großen Wert dar, sodass die „cast-iron kitchen furniture" regelmäßig mit in den letzten Willen aufgenommen wurden – so beispielsweise auch in den von George Washingtons Mutter Mary.

Die Qualität des Kochens in den „Gusseisernen" ist in den USA auch heute noch so bekannt, dass es dort Restaurants im rustikalen Country-Style gibt, in denen ausschließlich mit Dutch Oven gekocht wird. Zudem gibt es Koch-Shows und Fernsehköche, die das Dutch-Oven-Cooking praktizieren. Die Outdoor-Köche ermitteln sogar regelmäßig ihre Meister in einem großen Dutch-Oven-Kochduell, das in Utah stattfindet, wo auch die International Dutch Oven Society (IDOS) ansässig ist.

Technik und Zubehör

Was ist ein Dutch Oven und wie funktioniert er?

Dieser Punkt ist schnell erklärt: Ein Dutch Oven ist ein schwerer Topf aus Gusseisen mit einem exakt passenden Deckel. Die richtige Übersetzung lautet Bräter. Es gibt Dutch Oven in verschiedenen Größen mit einem Durchmesser zwischen 8 und 16 Zoll und einige in tiefen und flachen Ausführungen. Aufgrund der EU-Bürokratie durften die handlichen Zoll-Größen beim Verkauf nicht verwendet werden und es musste alles in Zentimeter angegeben werden. Dieses Problem wurde umgangen, indem beispielsweise bei Lodge aus einem 12-Zoll-Dutch-Oven ein „12er Dutch Oven“ wurde. Andere Hersteller, wie Petromax, gehen einen andern Weg und bezeichnen ihre Dutch Oven durch die gerundete Zahl des Fassungsvermögens in Liter. Ein ft12 von Petromax entspricht somit nicht dem 12" Dutch Oven von Lodge, sondern dem 14" tief.

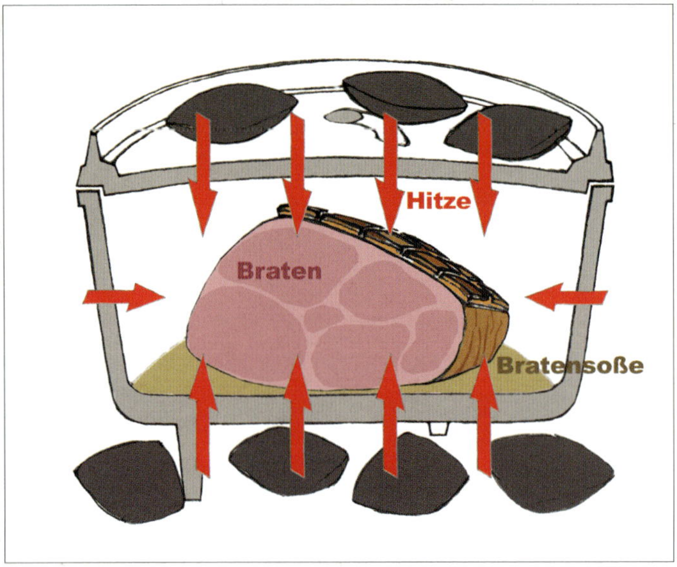

Das Funktionsprinzip eines Dutch Ovens mit Ober- und Unterhitze

Das massive Gusseisen heizt sich langsam und schonend für die Speisen auf. Einmal erhitzt, benötigt ein Dutch Oven erstaunlich wenig Glut für den Garvorgang. Das schwere Material gleicht die unregelmäßige Hitze der glühenden Kohle aus und gibt diese schonend an die Speisen weiter. Der Deckel hält den Topf durch sein Gewicht und seine exakte Passform dicht verschlossen. Die Speisen garen dadurch im eigenen Dampf, ähnlich wie in einem Dampfdrucktopf. Fleisch wird so unvergleichlich zart und bleibt saftig.

Besonderheiten eines Dutch Ovens

Viele Dutch Oven sind mit drei Beinen ausgestattet, damit man die Glut darunterschieben kann. Warum nur drei Beine? Ganz einfach: Drei Beine wackeln nie!

Der Deckel besitzt einen erhöhten Rand, damit die glühenden Kohlen nicht herunterfallen. So kann der Dutch Oven von oben und unten aufgeheizt werden.

Der Deckel ist gleichzeitig eine Bratpfanne. Er wird zu diesem Zweck mit der Oberseite nach unten auf einen Pfannenknecht gestellt und mit einigen wenigen Kohlen beheizt. So werden Steaks, Speck, Eier oder Pfannkuchen gebraten.

Kaufberatung

Die Materialstärken sind zwar unterschiedlich, aber beide Töpfe sind gleichmäßig und industriell gefertigt

Beim Kauf eines Dutch Ovens ist es wie beim Autokauf, jeder möchte Mercedes fahren, aber nur Skoda bezahlen. Komischerweise weiß beim Autokauf jeder, dass das nicht geht. Bei den Dutch Oven – verstärkt noch durch die ungefilterten Beiträge in den Sozialen Medien – sind viele Griller der Meinung, die billigen seien genauso gut wie die teuren und die seien nur deshalb so teuer, weil sich der Firmeninhaber eine goldene Nase verdienen will. So ist es natürlich nicht. Es gibt zum einen Hersteller, die die Entwicklung ihrer Produkte von vorne bis hinten im Griff und unter Kontrolle haben. Neben der deutschen Firma Petromax ist das auch die amerikanische Firma Lodge. Hier werden die Gussformen für die industrielle Fertigung mit einem Computer entwickelt und anschließend von einer Maschine hergestellt und mit einer Eisenlegierung gefüllt, die regelmäßig verprobt wird. Das resultiert in einem seidenmatten Finish und einer glatten Oberfläche.

Es gibt aber auch Firmen, häufig aus asiatischen Ländern, deren Vertriebsmitarbeiter europäische Webseiten nach Gusseisenprodukten durchforsten und die Betreiber der Seiten anschreiben, um ihnen Gusseisenprodukte anzubieten; mit eigenem Logo und in geringen Losgrößen. Diese Produkte werden dann meist von Hand in Sand geformt und auch so gegossen – mit Gusseisen aus zweifelhafter Quelle. Dabei kann es zu Lunkern und Löchern kommen, außerdem ist das Sandmaterial von sich aus schon gröber, als bei der industriellen Herstellung.

Leider fallen viele europäische Firmen auf diese Hersteller herein und kaufen sich ein Sortiment Gusseisen mit eigenem Logo und starten dann. Die Qualität ist aber durchweg sehr schlecht. Das heißt nicht, dass dort nicht auch mal ein gut gegossener Topf mit passendem Deckel dabei sein kann, aber die Wahrscheinlichkeit ist natürlich deutlich geringer als bei einem Markenprodukt.

Die richtige Größe

Nach etlichen tausend verkauften Dutch Oven kann ich sagen, dass von 100 Töpfen rund 80 in der Größe 12" tief bzw. ft9 von Petromax sind. Auf die restlichen 20 % verteilen sich die anderen Größen. Der Anteil der kleineren bzw. größeren Dutch Oven steigt, je mehr Menschen schon einen in der Größe ft9 bzw. 12" tief besitzen. Die Größenwahl hängt mit der üblichen Familiengröße zusammen – Vater, Mutter und zwei Kinder –, da ist man mit 9 Litern Topfinhalt gut aufgestellt.

Das angegebene Topfvolumen bezeichnet immer das randvolle Gefäß. Pro Person sind 1 Liter Topfinhalt ein guter Anfangswert, um die benötigte Größe abzuschätzen. So rechne ich zum Beispiel pro Gast mit 700 ml Erbsensuppe – und das ist wirklich reichlich. Die Rechnung kommt dann gut hin, denn ein Topf mit beispielsweise 10 Litern Inhalt können Sie nur mit 7 Litern füllen, denn Sie brauchen auch noch Raum zum Umrühren.

Ein Topf mit 9 Litern Inhalt ist für eine vierköpfige Familie auch für den Alltag nicht zu klein, denn Sie werden zum Üben bestimmt das klassische Einsteigergericht „Schichtfleisch" machen und das reicht dann für zwei Tage. Oder Sie laden zwei weitere Pärchen ein, dann passt die Menge auch mit Kindern. Sollten Sie mehr Leute zum Grillen einladen wollen, dann machen Sie in dem Dutch Oven doch einfach eine Beilage wie beispielsweise scharfe Cowboy-Bohnen, und grillen das Fleisch wie üblich, dann bekommen rund 20 Personen etwas aus dem Topf.

Bei Gerichten wie Gulasch, bei dem Sie mit 300 ml pro Person rechnen sollten, weil es ja noch Spätzle oder Klöße gibt, können Sie mehr Gäste verköstigen. Bei Gerichten wie Hühnchen auf Gemüse bekommen Sie weniger Leute satt, weil ein ganzes Huhn sehr voluminös ist. Beim Backen reicht ein Brot gerade mal für zwei bis drei Esser, zumal es herrlich duftet, wenn es frisch ist.

Die großen Dutch Oven wie der ft12 (bzw. 14" tief) oder gar der ft18 mit 12 bzw. 18 Litern Inhalt (inkl. Volumen des Deckels) sind für das Catering gedacht. Sie sind für 12 bis 25 Personen geeignet und unterscheiden sich in der Handhabung nicht von den kleineren Größen. Auch die Garzeiten sind ähnlich. Mit der Größe der Töpfe sinkt aber in der Regel die Anzahl der Einsätze im Jahr, weil große Feste seltener sind als spontane Grillabende im kleinen Kreis. Daher ist es manchmal praktischer, sich zusätzlich zum ft9 (bzw. 12" tief) statt einem ft18 lieber einen ft6 (bzw. 12" flach) oder auch einen zweiten ft9 (bzw. 12" tief) zu kaufen und dann in zwei kleinen Töpfen das gleiche Gericht zuzubereiten.

Die Rezepte in diesem Buch sind für vier Personen und somit einen 12" Dutch Oven bzw. Petromax ft9 ausgelegt.

Lodge	Petromax	Potjie
-	ft1/1,1 l	-
-	ft3/1,8 l	-
-	ft4,5/4 l	-
10" tief/4,7 l	-	-
12" flach/6,0 l	ft6/6,1 l	#2/6,0 l
12" tief/7,9 l	ft9/8,0 l	# 3/7,8 l
14" tief/10,0 l	ft12/11,5 l	# 4/9,3 l
-	ft18/17,3 l	# 8/18,5 l

Der Topf

Beim Topf sollten Sie auf eine gleichmäßige Wandstärke beim Guss achten. Auf der einen Seite 5 mm und auf der anderen Seite 2 mm ist nicht nur ein schlechter Guss, sondern der Topf würde auch nicht gerade hängen, weil er eine ungleichmäßige Gewichtsverteilung aufweist. Dabei kann dann der Inhalt herausschwappen. Weiterhin ist in solchen Fällen die Wärmeverteilung nicht gleichmäßig, was zum Anbrennen eines Teils der Speise führen kann.

Der Topf sollte exakt rund sein, damit der Deckel sauber aufliegen kann. Sollte der Deckel gerade sein (Test siehe Kapitel „Der Deckel“) und trotzdem klappern, dann ist der Topf verzogen. Um das zu testen entfernen Sie den Henkel und legen den Topf mit dem Mund auf ein Ceranfeld. Wenn der Topf nicht satt aufliegt, sondern wackelt, dann ist der Topf schuld.

Der Deckel

Der Deckel verschließt den Topf und sollte satt aufliegen. Er darf nicht klappern oder wackeln. Ein bisschen Spiel ist jedoch notwendig, damit Topf und Deckel unter allen Umständen zusammenpassen – beim kalten, engen Topf und heißem, ausgedehnten Deckel beispielsweise. Legen Sie den Deckel auf den Topf und drücken Sie rundum den Rand herunter, er sollte dabei nicht klappern. Wenn das doch der Fall sein sollte, dann drehen Sie den Deckel um eine Vierteldrehung und testen Sie erneut. Klappert der Deckel immer noch an derselben Stelle auf dem Topf, dann ist der Topf das Übel. Hat der Deckel die klappernde Stelle quasi „mitgenommen", dann ist der Deckel Schuld.

Um das Übel zu finden drehen Sie den Deckel etliche Male auf dem Topf hin- und her. So sollte sich die erhöhte Stelle abschleifen oder zumindest auf der schwarzen Oberfläche hell sichtbar sein. Handelt es sich um eine Gusswarze, dann brauchen Sie diese nur mit etwas Sandpapier, einem Schleifstein oder einem schnelldrehenden Multifunktionswerkzeug abzuschleifen. Um festzustellen, ob der Deckel verzogen ist, können Sie diesen auf ein Ceranfeld legen, wenn der Deckel auch hier klappert, dann ist er krumm und verzogen.

Der Henkel

Am Henkel und der Art der Aufhängung erkennen Sie sehr schnell die Qualität eines Dutch Ovens. Das Material sollte ausreichend dick und so gebogen sein, dass der Topf gerade hängt. Auch sollten Sie darauf achten, dass Sie bei hängendem Topf den Deckel aufsetzen und abnehmen können, ohne dass der Henkel im Weg ist. Das ist leider bei vielen der billigen Modelle nicht der Fall. Auch fällt der Henkel gerne ab, weil die Öse am Ende nicht richtig zugebogen wurde. Ein Spiralgriff ist nicht unbedingt notwendig, erleichtert aber das Tragen etwas, dafür lassen sich solche Töpfe schlechter an einer Kette aufhängen. Besonders bequem und praktisch sind Henkel, die so gebogen sind, dass sie in der einen Richtung umgelegt flach aufliegen und in der anderen Richtung etwas hochstehen, damit man sie leichter greifen kann.

Einbrennen und Patina

Eine große Unsicherheit bei Anfängern besteht bei den Themen Patina und Einbrennen. Wenn ein Topf nach der Herstellung aus der Gussform gelöst wird, dann ist er hellgrau und fettfrei. In der Produktion wird er entgratet und dann mit einem lebensmittelechten Wachs behandelt, damit er nicht rostet. Bei guten und modernen Firmen bekommt der Topf vorher noch eine spezielle Behandlung – er wird eingebrannt. Er wird dazu mit Sojaöl besprüht und fährt durch einen Industrieofen, wo er auf 400 °C erhitzt wird. Dabei verdampfen Teile des Öls und die Reste bleiben als schwarze „Farbe" auf dem Metall zurück. Das ist das sogenannte Einbrennen, die Patina kommt beim Benutzen von alleine hinzu, indem sich die Fette von jedem Gebrauch nach und nach ansammeln und die Farbe immer dunkler wird.

Diese schwarze „Farbe" bietet einen gewissen Schutz gegen Rost, aber nicht dauerhaft. Sie müssen den Topf nach jedem Gebrauch einfetten oder einölen.

Die Patina im Topfinneren verändert sich, je nachdem, welche Speisen darin zubereitet wurden. Gerichte mit Tomaten oder Essig lösen durch ihre Säure die Fettschicht und die Patina erscheint heller, gräulicher. Das ändert sich aber nach dem nächsten fettigeren Gericht, das beispielsweise ein Krustenbraten sein kann.

Merke: Die meisten Probleme mit der Patina lassen sich mit Einfetten und Weiterkochen lösen. Neu Einbrennen ist eigentlich nie notwendig.

Ein Dutch Oven muss nur dann eingebrannt werden, wenn dieser fabrikneu und nicht eingebrannt wurde, dies ist an der hellgrauen Farbe – im Gegensatz zum rabenschwarzen Erscheinungsbild der fertig eingebrannten Töpfe – erkennbar. Ein erneutes Einbrennen ist nur dann notwendig, wenn die Oberfläche großflächig bis auf das blanke Metall zerstört ist, beispielsweise wenn Sie einen Dachbodenfund mit dem Sandstrahler oder der Flex entrostet haben und ihm neues Leben einhauchen wollen.
Wenn Sie jedoch den Dutch Oven nur einmal mit Spülmittel ausgewaschen haben, ist das kein Anlass ihn wieder neu einzubrennen.

Einbrennen:

1. *Waschen Sie den Dutch Oven mit heißem Wasser aus, bis das Eisen die Temperatur des Wassers angenommen hat.*

2. *Reiben Sie den Topf von innen mit einer Pflegepaste, oder einfachem Kokosfett, ein.*

3. *Stellen Sie den Topf mit den Beinen nach oben auf ein großes Stück Alufolie in den Backofen oder in einen Grill mit Deckel. Legen Sie den Deckel des Topfes auf die Topfbeine.*

4. *Heizen Sie den Backofen bzw. den Grill mit der größtmöglichen Hitze und erwärmen Sie den Topf eine Stunde lang.*

5. *Lassen Sie den Topf im Ofen bzw. im Grill auskühlen.*

6. *Sollte der Dutch Oven noch nicht rabenschwarz sein, wiederholen Sie die Schritte 2–5, bis Sie das Ergebnis überzeugt.*

Die Kohle

Immer wieder entspinnen sich lange Diskussionen über die richtigen Kohlen – und mit jeder neuen Sorte beginnt sie wieder von vorn. Wenn man bedenkt, dass der Dutch Oven in der Prärie mit getrockneten Büffelfladen geheizt wurde, fragt man sich, warum es bei industriell gefertigten Kohlebriketts so viele Diskussionen gibt. Es ist eigentlich ganz einfach, man muss sich nur einmal die Vor- und Nachteile verschiedener Heizmaterialien und die Herstellung der Kohlebriketts ansehen und das Abbrandverhalten verstehen.

Da ist zunächst die Kohle aus dem Lagerfeuer, die beim Abbrand von Hartholz entsteht. Die kirschgroßen glühenden Kohlestückchen fischt man mit einer Kohleschaufel aus dem Feuer und verteilt sie auf und unter dem Dutch Oven. Diese sind sehr heiß, allerdings nur etwa 15–20 Minuten, dann sind sie verglüht und müssen ersetzt werden. Zusätzlich wird die Hitzesteuerung dadurch erschwert, dass das Feuer meist neben dem Topf brennt und die Strahlungshitze den Topf von der Seite zusätzlich erhitzt. Das Kochen mit Lagerfeuer-Kohlen ist die Königsklasse und Sie sollten sich da erst heranwagen, wenn Sie mit dem Dutch Oven schon einige Gerichte mit Holzkohlebriketts zubereitet haben.

Das Heizen mit handelsüblichen Holzkohlestücken hat sich nicht durchgesetzt, weil diese Stücke sehr ungleichmäßig sind und im Baumarkt neben jeder Palette mit Holzkohle eine Palette mit Holzkohlebriketts steht. Die Beschaffung von Briketts ist somit kein Problem und die Handhabung sehr viel einfacher.

Das Problem für den Anfänger ist, dass Briketts verschiedener Hersteller alle gleich aussehen, preislich aber weit auseinanderliegen. Es kommt noch dazu, dass beispielsweise beim Discounter die Briketts nicht durchgängig von einem Lieferanten stammen, sondern von verschiedenen Herstellern. So kann es vorkommen, dass ein Sack Kohle ganz hervorragend ist und in derselben Filiale ein etwas später gekaufter Sack nur ungeeignete Kohle enthält.

Von links nach rechts: Braunkohlekoks; Holzkohle mit sichtbaren Holzstückchen; Kohle aus Kokosnussschalen

Einer der ersten Hersteller, und der einzige in Deutschland, ist die Firma Profagus aus Bodenfelde im Solling, die die bekannten „Grillis“ herstellt. Die Brenndauer erscheint auf den ersten Blick mit 90 Minuten sehr kurz, verglichen mit den als „long lasting“ beworbenen Sorten. Dafür brennen sie aber auch extrem heiß. In einem Versuch mit „Grillis“ gegen „Premium long lasting Briketts“ aus Braunkohlekoks zeigte das Thermometer bei Long-Lasting-Briketts eine Innenraumtemperatur von nicht mehr als 150 °C, meist noch weniger, und bei den „Grillis“ ist bei 300 °C das Thermometer ausgestiegen. Für eine Suppe mag die niedrige Temperatur noch ausreichen, bei einem Krustenbraten jedoch auf keinen Fall. Die lange Brenndauer ist nicht unbedingt ein Vorteil, da die meisten Gerichte nach 90 Minuten fertig sind.

Die fest gepressten Briketts aus Bambus, Kokosnuss oder anderen exotischen Rohstoffen haben sich beim Low & Slow im Kugelgrill durchgesetzt. Beim Einsatz am Dutch Oven haben sie sich nicht so bewährt, weil diese Briketts schwierig zu entzünden sind und dann auch nur an einige Stellen glimmen und sich dort das Feuer langsam weiterfrisst. Wenn Sie diese so lange im Anzündkamin belassen, bis sie vollständig durchgeglüht sind, dann haben die Kohlen nur noch eine restliche Brenndauer von 1,5 Stunden, sind dafür aber auch extrem heiß.

Im Prinzip können Sie einfach jede Kohle verwenden, die Sie gerade zu Hause haben, und loslegen. Ich empfehle aber „Grillis“, denn darauf sind die folgenden Rezepte ausgelegt. Gerade als Anfänger sollten Sie möglichst viele Unwägbarkeiten ausschließen.

Kohleverteilung und Hitzeregulierung – Die Bothe-Formel

Als das erste Dutch-Oven-Buch von mir erschien, gab es nur eine Sorte Grillbriketts, die oben erwähnten „Grillis“. Für diese habe ich eine Tabelle für Lodge-Dutch-Oven erstellt, die die Verteilung der Kohlen und die zu erreichenden Temperaturen sehr schön übersichtlich darstellt. Inzwischen ist die Entwicklung weitergegangen und findige Programmierer haben daraus eine App für Smartphones entwickelt, ohne aber zu berücksichtigen, dass die heute erhältlichen Kohlen riesige Unterschiede in der Heizleistung bringen. Unbedarfte Anwender glauben dann der App und legen beispielsweise 12 Kohlen unter den Topf und 15 Kohlen auf den Deckel, ohne zu berücksichtigen, dass ihre Kohle vielleicht nur halb so viel Leistung bringt wie die Grillis, auf die die Tabelle ausgelegt ist.

Inzwischen sind auch andere Hersteller auf dem Markt, die ihre Töpfe anders benennen, sodass die Faustregel „Durchmesser mal zwei“ auch nicht mehr passt. Es gibt aber eine „Formel“, die noch einfacher ist, als die App mit genauen Temperaturangaben:

Drei Hitzestufen reichen für das Kochen im Dutch Oven völlig aus: niedrige Hitze, mittlere Hitze und starke Hitze. Für die mittlere Hitze, die für die meisten der Gerichte benötigt wird, legen Sie einfach einen Ring mit Grillbriketts außen an den Rand des Deckels und unten an den Außenrand des Bodens. Da der Boden kleiner ist, kommen dort automatisch weniger Kohlen zu liegen. Für weniger Hitze entfernen Sie jedes zweite Brikett, für starke Hitze legen Sie noch einmal die Hälfte der Kohlen dazu. Wenn Sie so die notwendige Anzahl der Briketts ermittelt haben, dann verteilen Sie diese gleichmäßig auf dem Deckel und unter dem Boden, damit es keine Hitzespots gibt.

Sollten Sie zum Schluss ein Gericht überbacken wollen, dann nehmen Sie die Kohlen von unten und legen diese mit auf den Deckel, die Menge sollte dann ausreichen, um den Käse schmelzen und bräunen zu lassen. Sind die Kohlen schon sehr ausgebrannt, dann sollten Sie rechtzeitig eine frische Runde Kohlen im Anzündkamin vorglühen und auf den Deckel legen.

	Wenig Hitze	halber Ring (7 Stück bei einem 12" oder ft9 oben und 5 Stück unten)
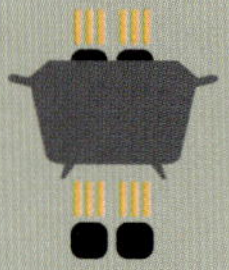	Mittlere Hitze	ganzer Ring (14 Stück bei einem 12" oder ft9 oben und 10 Stück unten)
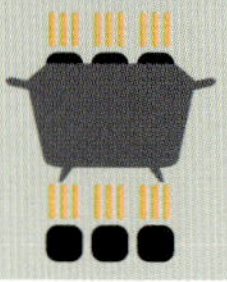	Starke Hitze	anderthalb Ring (21 Stück bei einem 12" oder ft9 oben und 15 Stück unten))

Wenig Hitze

Mittlere Hitze

Starke Hitze

Gestapelt kochen

Sie können bei mehreren Gerichten, die gleichzeitig gekocht werden, die Töpfe übereinander stapeln, sodass die Oberhitze vom unteren gleichzeitig die Unterhitze vom oberen ist. Häufig werde ich gefragt, ob dann die Unterhitze für den oberen Topf nicht zu stark sei, wenn man die Anzahl der Kohlen verwendet, die als Oberhitze für den unteren notwendig ist. Die Antwort ist einfach: Sie sollten hier nicht die angegebene Anzahl der Kohlen für die Oberhitze verwenden, sondern nur die der Unterhitze des oberen Topfes. Denn die Kohlen heizen besser, da die Hitze nach oben nicht so schnell entweichen kann, und darum reicht die Anzahl der Kohlen auch für die Oberhitze des unteren, die als Unterhitze für den oberen ausreichen sollte. Sie sollten aber als Dutch-Oven-Einsteiger nicht gleich mit solchen „Hochstapeleien" beginnen, das können Sie nach einiger Zeit versuchen, wenn Sie die Bedienung eines einzelnen Dutch Ovens verinnerlicht haben. Das gilt besonders dann, wenn Sie in vier Töpfen vier verschiedene Gerichte mit unterschiedlicher Garzeit zubereiten wollen. Da ist es sicherer, die vier Töpfe nebeneinander zu betreiben, denn die paar zusätzlichen Kohlen sind auf jeden Fall günstiger als ein Topf voll verbranntem Essen.

Sollten Sie sich für das gestapelte Kochen entscheiden, dann ist ein ausreichend stabiler Tisch notwendig, der auch nicht zu hoch sein sollte. Spezielle Dutch-Oven-Tische, die es im Fachhandel gibt, sind ideal, denn Sie können diese auch ohne die langen Beine aufstellen und das Stapeln ist dann ein Kinderspiel. Auch können Sie so bequem in alle Töpfe schauen und sie am langen Arm bequemer und rückenschonend heben.

Dutch-Oven-Tische und Feuerstelle

Eigentlich ist der Dutch Oven für das Kochen auf der Erde gedacht, aber das ist unbequem, geht auf den Rücken und ist vor allem nicht überall erlaubt. Sehr bequem sind die oben erwähnten Dutch-Oven-Tische, die von verschiedenen Herstellern angeboten werden. Diese besitzen einen Windschutz an drei Seiten und sind aus so dickem Blech gefertigt, dass Sie darauf auch ohne Bedenken ein kleines Lagerfeuer anzünden können. Kaufen Sie auf keinen Fall ein Modell für nur einen Dutch Oven, denn Sie benötigen den Platz neben dem einen Dutch Oven, um den Deckel abzulegen oder den Anzündkamin aufzustellen. Achten Sie auf die richtige Tischhöhe für Ihre Größe. Normal ist die Höhe des Bauchnabels, beim Stapeln aber ruhig 10 bis 15 cm tiefer, damit Sie die oberen Töpfe bequem aufstellen können und auch die Möglichkeit haben, in den Topf zu schauen.

Billiger ist eine Dutch-Oven-Feuerstelle aus Backsteinen. Nehmen Sie vier Backsteine und ein altes Backblech, das Sie auf die Steine legen. Das Kochen auf Bodenniveau sollte aber nur die Ausnahme sein, denn es geht unheimlich auf den Rücken und ist bei weitem nicht so bequem wie auf Tischhöhe. Darum bietet sich eine andere günstige und sehr stabile Variante an: Diese Feuerstelle besteht aus drei Pflanzringen, einer Waschbetonplatte und einem weiteren Pflanzring, dessen einwärts eingebogener Teil weggeflext wurde.

Feuerstelle aus Pflanzringen

Zubehör

Beim Zubehör brauchen Sie nicht alles, was im Folgenden aufgelistet wird, aber je mehr Sie davon besitzen, desto leichter ist der Umgang mit den Töpfen und in der Folge gelingen die Gerichte auch sicherer.

Deckelheber

Um den mit heißer Kohle beladenen Deckel sicher anheben zu können, gibt es verschiedene Modelle von Deckelhebern. Das geht vom einfachen Haken über etwas kompliziertere Modelle bis zu Profi-Deckelhebern, die mit einem beweglichen Teil den Deckel so festklemmen, dass Sie die Kohle abschütten können, indem Sie den Deckel auf den Kopf drehen. Als Notbehelf hat sich ein Latthammer bewährt, wie ihn Dachdecker benutzen. Einfach mit der Spitze durch den Griff vom Deckel gehen und anheben.

Zange

Eine Grillzange aus Metall ist praktisch, denn damit können Sie die glühenden Grillbriketts ganz genau platzieren und bewegen. Mit einer zweiten Zange können Sie auch das Grillgut bewegen und sicher packen.

Handschuhe

Beim Umgang mit dem heißen Topf ist ein Paar guter Schweißerhandschuhe, für Kontakthitze bis 300 °C, sehr praktisch. Sie können damit den Topf oder den Deckel sicher anfassen bzw. bewegen und behalten so die Kontrolle über das schwere Gerät. Denken Sie aber daran, dass die Hitze sofort durchschlägt, wenn der Handschuh nass wird, beispielsweise, wenn Ihnen etwas von dem flüssigen Inhalt des Topfes auf den Handschuh schwappt.

Pfannenknecht

Um den Deckel sicher und sauber abzustellen hat sich ein Pfannenknecht bewährt. Sie können ihn platzsparend zusammenklappen und so bequem mitführen. Aufgeklappt dient er nicht nur als Ablage für den Deckel, sondern auch als Möglichkeit, den umgedrehten Deckel als Pfanne zu benutzen.

Anzündkamin

Grillen ohne Anzündkamin ist (fast) undenkbar geworden. Diese Blechrohre gibt es in jedem Baumarkt, wobei die ganz billigen nach einigen Runden auseinanderfallen, da die Aluminium-Popnieten wegschmelzen. Füllen Sie einen Anzündkamin mindestens zu ⅔ mit Grillbriketts und legen Sie einen Grillanzünder unter den Kamin. Nach 20 Minuten sollten die Kohlen gut durchgeglüht sein. Für das Kochen mit einem Dutch Oven haben sich kleine Modelle des Anzündkamins bewährt, da man nicht so viele Kohlen benötigt, wie bei einem Grill.

Petromax

FAQ – Häufig gestellte Fragen

Neulich war es mal wieder so weit, ein Anfänger stellte in einem Internetforum die heilige Frage: Ich will Schichtfleisch machen – wie geht das? Interessant ist das Selbstvertrauen, mit dem an dieses Vorhaben herangegangen wird. „Wie viel Schichtfleisch passt in den ft18 und für wie viele Leute reicht das? Ich soll für 40 Leute kochen." Dann kommt die Frage nach den Kohlen. Abgesehen davon, dass Schichtfleisch ein flüssiges Gericht ist und daher nicht heißer als 100 °C werden kann, kommen dann die ganzen Ratschläge für die beste Kohle-App, um die Anzahl auszurechnen. Dabei ist es doch eigentlich ganz einfach: Der Topf muss blubbern, denn mehr als Kochen geht nicht.

Wie vermeide ich Hot-Spots?
Um die ungleichmäßige Erwärmung auszugleichen sollten Sie alle 10–15 Minuten den Deckel eine Vierteldrehung in die eine und den Topf eine Vierteldrehung in die entgegengesetzte Richtung drehen.

Mit welchem Gericht sollte ich beginnen?
Das Kochen mit dem Dutch Oven ist etwas kniffeliger als mit dem heimischen Ofen. Daher sollten Sie bei den ersten Versuchen nicht zu viele Unsicherheiten einbauen. Beginnen Sie mit einem flüssigen Gericht wie Gulasch, Chili, Schichtfleisch oder Suppe. Sobald Sie das Gericht drei Mal im Dutch Oven erfolgreich für Ihre Familie gekocht haben, können Sie es auch bei einer Feier für Gäste zubereiten.

Mit was kann ich die Töpfe einölen?
Grundsätzlich mit jedem Fett oder Öl. Spezielle Dutch-Oven-Pflegepasten haben den Vorteil, dass sie nicht ranzig werden, dafür sind sie aber teurer als einfaches Sonnenblumenöl. Für Pasten müssen Sie die Töpfe etwas anwärmen, dann lässt sich die feste Masse leichter verteilen.

Wie viel Schichtfleisch passt in einen ft9/12" und für wie viel Leute reicht das?
Sie können einen Schweinenacken mit 2,5 kg, 3–4 große Metzgerzwiebeln und etwa 700 g Speck einplanen. Diese Menge reicht für 10–12 Leute zum Sattessen, planen Sie 25–30 Brötchen ein.

Ist ein billiger Topf nicht genauso gut wie ein teurer?
Ein steter Quell ausgedehnter Diskussionen ist die Frage nach dem Hersteller des zu erwerbenden Topfes. Der Preisunterschied zwischen einem guten Markentopf und einem No-Name-Produkt beträgt bei einem 12" bzw. ft9 nur rund 20 Euro. In solch einen Topf passen aber rund 4 kg Schichtfleisch, das bei 8 Euro pro kg mit 32 Euro pro Topfladung zu Buche schlägt. Man spart also an einem Produkt, das 100 Jahre hält, genau eine Beladung mit Lebensmitteln.

Wann muss ich meinen Dutch Oven neu einbrennen?
Eigentlich gar nicht, denn die Patina bildet sich von selbst, wenn Sie ausreichend darin kochen. Das Einbrennen ist nur dann notwendig, wenn der Topf so stark verrostet ist, dass Sie ihn bis aufs blanke Metall abschleifen müssen. Leichte Verfärbungen im Inneren des Topfes sind normal und erfordern nur das Abwaschen mit heißem Wasser.

Wie viele Leute bekomme ich aus einem Dutch Oven satt?
Rechnen Sie bei Suppen mit 1 Liter Topfinhalt pro Person, dann liegen Sie bei 700 ml, die Sie ausgeben können, die Differenz zu dem einen Liter Topfinhalt ist der Raum, der zum Umrühren frei bleiben muss.

Was ist das Besondere an „Long Lasting“ Briketts
Diese Briketts werden besonders fest und hart gepresst und glimmen nur an einer Stelle, die sich langsam durch das Brikett frisst. Diese Briketts sind eigentlich für den Kugelgrill gedacht und nicht für den Dutch Oven. Beim Kochen mit den Pötten wird nicht genug Energie frei, zum Simmern reicht es zwar noch, aber zum Überbacken oder für eine rösche Kruste am Krustenbraten reicht das nicht.

Reinigen

Beim Reinigen des Dutch Ovens sollten Sie zunächst zwischen innen und außen unterscheiden. Wenn der Topf über dem Feuer hängt, dann versottet die Oberfläche und ist sehr schwer zu reinigen. Überall klebt der Ruß an den Händen, an dem Waschbecken und auch an den Schwämmen. Hier sollten Sie auf jeden Fall Handschuhe anziehen, um dann mit einem Edelstahlschwamm zu arbeiten. Auch kann in solchen Fällen ein ganz kleiner Spritzer Spülmittel nicht schaden, denn sonst löst sich der Ruß nicht im Wasser. Um den Topf anschließend außen einzuölen, sollten Sie ihn etwas erhitzen, damit die gespeicherte Wärme die Feuchtigkeit auf der Oberfläche verdampfen lässt. Solange er noch warm ist, geben Sie einfaches Pflanzenöl oder eine Reinigungs- und Pflegepaste auf den Topf und reiben ihn mit einem Küchentuch ein.

Die Innenseite ist etwas komplizierter zu reinigen, da es verschiedene „Tatbestände" gibt. Ist der Topf nach dem Auskratzen der Essensreste schon fast sauber und es befindet sich nur noch etwas Sauce am Boden, dann spülen Sie ihn nur mit heißem Wasser aus und wischen mit einem Küchentuch nach. Solange der Topf noch warm ist und die Feuchtigkeit verdampft, reiben Sie ihn dünn mit Öl oder Pflegepaste ein.

Sollten Speisen festgebrannt sein, dann geben Sie Wasser in den Topf und stellen ihn auf die übrig gebliebenen Kohlen, damit das Wasser heiß wird und sich die Reste lösen. Dann auswischen, einölen und fertig.

Manchmal kommt es vor, dass die Speisen nicht nur einfach anbrennen, sondern großflächig verkohlen und verbacken – besonders häufig passiert das beim Krustenbraten, der viel Fett abgibt und dann trockenkocht. In solchen Fällen hilft einweichen nicht viel, da müssen Sie mit mechanischen Mitteln arbeiten. Alles was Sie mit Muskelkraft zum Kratzen oder Schaben anwenden, macht dem Topf nichts aus. Es ist sogar in Ordnung, wenn Sie mit einem Schraubendreher die Krusten entfernen, oder auch mit einer Stahlbürste oder Sandpapier. Wenn alle schwarzen Plaggen entfernt sind, spülen Sie den Topf heiß durch und ölen ihn ein. Einbrennen ist nicht notwendig, kochen Sie lieber beim nächsten Mal ein fettigeres Gericht und die Patina kommt von ganz alleine zurück – seien Sie dieses Mal aber mit der Unterhitze sparsamer.

Zum längeren Aufbewahren legen Sie ein Küchentuch unten in den Boden und halten den Deckel mit einem gefalteten Küchentuch etwas offen.

Auf dem Deckel sammelt sich im Laufe der Zeit in den Vertiefungen des Logos jede Menge verharztes Öl, das mit Asche verklebt ist. Diese Krusten lassen sich am besten an einer SB-Autowaschanlage mit heißem Wasser aus dem Hochdruckreiniger entfernen.

Rost im Deckel

Manchmal kommt es vor, dass nach dem Kochen die Innenseite des Deckels einen leichten roten Rostbelag zeigt. Das ist ganz einfach zu erklären: Der Dampf, der von der Speise aufsteigt, wirkt wie ein Dampfreiniger und entfettet die Unterseite des Deckels. Dann kann sich der Flugrost in der Wärme und in der feuchten Umgebung schnell entwickeln. Genauso schnell wie er gekommen ist, ist er aber auch zu entfernen: Einfach mit heißem Wasser abwaschen und warten, bis der Deckel trocken ist und abschließend einfetten. Ein erneutes Einbrennen ist nicht notwendig; wenn Sie etwas für die Patina machen wollen, dann braten Sie beispielsweise einen Krustenbraten, bei dem Fett von innen an den Deckel spritzt und durch die extreme Hitze der aufgelegten Kohlen sofort einbrennt.

Sicherheit

Achten Sie beim Umgang mit Feuer und glühenden Kohlen stets auf die Sicherheit. Es passieren immer wieder Grillunfälle, die einfach zu vermeiden gewesen wären:

- Für die Kohlen nur Sicherheitsanzünder verwenden. Spiritus oder Benzin sind absolut tabu! Es besteht die Gefahr von Stichflammen oder Verpuffungen. Am schnellsten sind die Briketts mit einem Anzündkamin in Verbindung mit festem Grillanzünder entfacht.

- Dutch Oven mit glühenden Kohlen dürfen nur im Freien und niemals in geschlossenen Räumen verwendet werden. Es besteht die Gefahr einer Kohlenmonoxid-Vergiftung. Dutch Oven lassen sich aber notfalls in einem elektrischen Backofen in der Küche verwenden.

- Achten Sie auf einen guten Stellplatz im Freien. Der Dutch Oven sollte eben, windgeschützt und auf einem nicht entflammbaren Untergrund stehen.

- Halten Sie genügend Abstand zu brennbaren Materialien wie Gartenzaun oder Markise. Weisen Sie Kinder auf die Glut hin und dass nicht in der Nähe des heißen Dutch Ovens gespielt oder getobt wird.

- Verwenden Sie Schweißer- bzw. Grillhandschuhe, wenn Sie heiße Teile wie den Anzündkamin oder den Dutch Oven anfassen.

- Tragen Sie geschlossene Schuhe, falls Ihnen mal Glut runterfällt.

- Ein Feuerlöscher ist eigentlich ein Muss, aber noch besser ist eine Kübelspritze oder ein Gartenschlauch mit Spritze. Wer einmal einen Pulverlöscher geleert hat, wird wissen warum bei kleinen Entstehungsbränden Wasser die deutlich bessere Wahl ist – es sei denn, Sie haben es mit einem Fettbrand zu tun.

- Denken Sie immer daran, dass die Glut durch ein Windstoß etliche Meter weit verweht werden kann.

Ein paar Worte zu den Rezepten

Um es einfach zu machen, haben wir die Rezepte für einen Dutch Oven ft9 von Petromax, beziehungsweise einen tiefen 12" von Lodge ausgerechnet und ausprobiert. Sie sollten sich zunächst relativ genau an die Vorgaben halten und die Rezepte wenigstens dreimal hintereinander erfolgreich gekocht haben, bevor Sie Gäste einladen. Auch ist es nicht hilfreich, von einem Gericht mit fünf Komponenten zwei wegzulassen und die restlichen drei auszutauschen. Ändern Sie für den Anfang, wenn überhaupt, immer nur eine Komponente, dann können Sie hinterher den Fehler eingrenzen. Eine feine Küchenwaage ist beim Outdoor-Kochen nicht so praktisch. Darum haben wir bei den Rezepten, wo es sinnvoll war, Tassen angeben. Eine Tasse entspricht 250 ml.

Das Kochen im Dutch Oven ist keine Raketentechnik. Gehen Sie mit gesundem Menschenverstand an die Sache heran und schauen Sie am Anfang lieber etwas öfter in den Topf, auch wenn Sie jedes Mal Temperatur verlieren. Dann dauert das Essen eben eine Stunde länger, immer noch besser als Verbranntes oder Rohes essen zu müssen.

Rezepte

Gebackener Feta ★☆☆

Ergibt etwa 2 Portionen zum Sattessen oder 4 Portionen als Vorspeise

Zutaten:

- 400 g Feta-Käse
- 1–4 Knoblauchzehen, je nach Geschmack
- Peperoni in Ringe geschnitten, oder im Ganzen
- 1 große Zwiebel, in Ringe geschnitten
- einige Oliven
- Olivenöl
- Oregano
- Thymian
- Pfeffer und Salz

Zubereitung:

1. Hacken Sie die Knoblauchzehe zunächst grob und zerreiben Sie diese anschließend mit einer Messerklinge. Streuen Sie etwas Salz darüber und geben Sie die Salz-Knoblauch-Mischung in eine Tasse und vermischen Sie alles mit etwas Olivenöl.

2. Schneiden Sie den Käse in daumendicke Scheiben und legen Sie den Dutch Oven oder eine Alu-Schale damit aus. Auf den Käse kommen die Zwiebelringe, die Peperoni und Oliven und der gehackte Knoblauch, dann würzen Sie mit Oregano, Thymian, Pfeffer und Salz. Zum Schluss gießen Sie einen guten Schluck Olivenöl darüber.

3. Backen Sie die Portionen 10–15 Minuten mit wenig Unter- und starker Oberhitze, bis die Zwiebel leicht dunkel wird und der Käse zerläuft.

Datteln im Speckmantel ★☆☆

Ergibt so viele Datteln wie Sie wollen

Zutaten:

Datteln
Speck, gleiche Anzahl wie Datteln
Mandeln, nach Belieben
Zahnstocher

Zubereitung:

1. Zuerst ein paar Worte zu den Datteln: Es gibt gewaltige Unterschiede bezüglich der Qualität. Nehmen Sie nur die besten Datteln, weich und mit Stein. Dann entfernen Sie die Steine, füllen die Datteln mit je einer Mandel (nach Belieben) und umwickeln sie mit einer Scheibe Speck. Fixieren Sie die Ummantelung mit einem Zahnstocher.

2. Dann geben Sie die Datteln bei mittlerer Hitze unten und starker Hitze oben in den Dutch Oven, bis der Speck braun und knusprig ist. Die Gäste nehmen sich die Datteln einfach mit dem Zahnstocher.

Gefüllte Jalapeños ★★☆

Ergibt etwa 20–24 scharfe Snacks

Zutaten:

- 10–12 Jalapeños, frisch, groß
- 2 Knoblauchzehen, gepresst
- 1 Tasse Cheddar, gerieben
- ½ Tasse Frischkäse
- ½ Tasse Ketchup
- 1 EL Butter, weich
- 1 Tasse Paniermehl
- 1 TL Paprika edelsüß
- Pfeffer und Salz

Zubereitung:

1. Halbieren Sie die Jalapeños längs und entfernen Sie die Samen. Legen Sie die Hälften in eine runde Aluschale.

2. Vermischen Sie den Ketchup, den Käse, den Knoblauch und den Frischkäse und füllen Sie die Hälften damit. Es darf ruhig ein leichter Berg entstehen. Mischen Sie aus dem Paniermehl, der weichen Butter und den Gewürzen die Kruste. Geben Sie diese auf die Käsefüllung.

3. Setzen Sie die Aluschale mit den Jalapeños-Hälften in einen Dutch Oven und backen Sie diese mit mittlerer Hitze unten und starker Hitze oben. Je nach Anzahl und Größe der Jalapeños müssen Sie in zwei Chargen arbeiten. Die Jalapeños sollten weich und die Kruste goldbraun sein, dies sollte nach etwa 15–20 Minuten der Fall sein.

Chicken Wings

Ergibt etwa 20 köstliche Hühnerflügel

Zutaten:

1 kg Hühnerflügel
BBQ-Sauce oder
Asia-Chilisauce
Pfeffer und Salz

Zubereitung:

1. Trocknen Sie die Flügel ab und würzen Sie diese mit Pfeffer und Salz.

2. Geben Sie die Chicken Wings in eine Schale und backen Sie sie im Dutch Oven auf einem Rost, bei mittlerer Hitze unten und starker Hitze oben, 30 Minuten, bis sich das Fleisch vom Knochen löst. Geben Sie anschließend BBQ-Sauce über die Flügel und backen Sie sie weitere 30 Minuten, dann allerdings ohne Unterhitze, bis die Flügel glasiert sind. Ohne die Schale und den Rost würden die Sauce und der Fleischsaft direkt auf dem Topfboden anbrennen.

Hühnercurry

Ergibt 6–8 Portionen wärmendes Curry

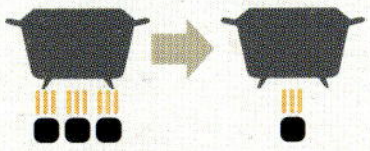

Zutaten:

1 Hähnchen, ca. 1,4 kg (oder Hühnerkeulen)
3 große Zwiebeln
2 Knoblauchzehen
2 Karotten
1 kleiner Kohlrabi
1 Aubergine

250 g Champignons
½ Sellerieknolle
1–2 Stangen Lauch
2 Paprika
800 ml Kokosmilch
1 kleine Dose Ananas-Stückchen mit Saft

Pfeffer und Salz
3 EL Currypulver
Sambal Oelek oder Harissa
frischer Ingwer
Zitronengras

Zubereitung:

1. Schneiden Sie das Huhn in kleine Stücke, das Gemüse in kleine Würfel und den Lauch in Ringe. Der Trick ist, die Gemüse in unterschiedlich große Stücke zu schneiden, damit nicht alles zu einer Masse zerkocht. Stücke von der Größe eines Streichholzkopfes: Sellerie, Ingwer, Knoblauch. Stücke von Kirschgröße: Aubergine, Kohlrabi, Champignons. Die Paprika in etwa 1-Euro-große Stücke schneiden. Die Zwiebeln in Achtel schneiden, sodass es keine Ringe, sondern Spalten gibt. Die Karotten in ganz dünne Scheiben oder besser in dünne Streifen schneiden.

2. Einen Dutch Oven mit starker Hitze von unten einheizen. Halten Sie eine Schüssel mit den geschnittenen Zutaten bereit und eine leere Schüssel für die angebratenen Zutaten. Geben Sie ½ Tasse Öl in den Topf und braten Sie darin das Huhn in Portionen an, bis es rundum schön braun ist. Dann mit der Schaumkelle herausnehmen und jeweils in der Schüssel mit dem Currypulver bestäuben. Das Zitronengras nicht schneiden, man kann es nicht essen, nur verknoten, damit man es nach dem Kochen leichter herausfischen kann. Nach und nach das Gemüse anbraten und ebenfalls in die Schüssel legen. Gießen Sie gegebenenfalls etwas Öl nach. Wenn alles angebraten ist, geben Sie die Ananas und die Kokosmilch zusammen mit den angebratenen Zutaten in den Topf und rühren vorsichtig einmal um. Würzen Sie mit Harissa oder Sambal Oelek, Salz und Pfeffer. Die Flüssigkeit sollte das Gemüse knapp bedecken.

3. Jetzt sollten Sie den Dutch Oven nur noch mit wenig Hitze 1–2 Stunden köcheln lassen, je nachdem, wie weich man das Gemüse mag.

Wachteln mit Datteln und Schalotten

Ergibt so viele Wachteln wie Sie wollen (bis zu 8)

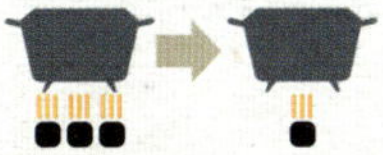

Zutaten:

1 Wachtel
1 Dattel
1 Schalotte
1 Scheibe Speck

Gemüse, nach Geschmack
Brühe
Ras el-Hanout
Harissa

Zubereitung:

1. Die Wachteln müssen für den Topf in Form gebracht werden. Dazu die Hälse und die Spitzen der Flügel abschneiden, diese Abschnitte zur späteren Verwendung zur Seite stellen. Die Wachteln pfeffern und salzen und jeweils mit einer Dattel und einer Schalotte füllen. Mit einer Scheibe Speck umwickeln und in Form binden.

2. Die Wachteln im Deckel des Dutch Ovens mit starker Hitze anbraten und nebenbei das Gemüse im Topf anrösten. Dann die Vögel in den Topf auf das Gemüse geben. Im Deckel die Flügel und die kleinen Abschnitte kräftig anbraten und mit dem ausgelassenen Fett ebenfalls in den Topf geben. Etwas Brühe oder Wasser angießen und bei geschlossenem Deckel bei wenig Hitze von unten schmoren lassen.

3. Nehmen Sie die Wachteln aus dem Topf und halten Sie diese auf dem Deckel warm. Dann nehmen Sie alles Gemüse und die Knochen aus dem Topf und kochen ggf. den Bratensatz los. Sie können das Gemüse durch ein Sieb passiert wieder in den Topf geben oder die Sauce mit Saucenbinder andicken.

4. Als Gewürz eignet sich Ras el-Hanout, eine marokkanische Gewürzmischung. Zum Servieren legen Sie die Wachteln z. B. in eine Schüssel auf ein Bett aus Couscous, dazu die Sauce und etwas Harissa.

Schichtfleisch ★☆☆

Ergibt 10–12 Portionen und viel Sauce

Zutaten:

- 2,4–2,6 kg Schweinenacken ohne Knochen
- 800 g Bauchspeck, vorzugsweise ohne Schwarte, in 5 mm dicke Scheiben geschnitten
- 2–3 große Gemüsezwiebeln, in 5 mm dicke Scheiben geschnitten
- BBQ-Gewürzmischung, nach Wahl (z. B. Magic Dust oder ein Steakgewürz)
- 2 Tassen BBQ-Sauce, nach Wahl

Zubereitung:

1. Schneiden Sie den Schweinenacken in Scheiben, so dick wie übliche Nackensteaks. Vor dem Einschichten sollten Sie die Nackenscheiben mit einem Grillgewürz Ihrer Wahl einreiben. Achten Sie darauf, dass dieses nicht zu viel Salz enthält.

2. Stellen Sie den Dutch Oven auf den Rand, stützen Sie gegebenenfalls den Boden an einer Wand ab. Beginnen Sie das Einschichten mit einer Lage Schweinenacken, dann Speck und dann Zwiebeln. Sobald alles verbraucht ist, stellen Sie den Topf wieder auf die Füße und gießen die BBQ-Sauce über das Schichtfleisch.

3. Garen Sie es mit mittlerer Hitze oben und unten 1½–2 Stunden. Das Schichtfleisch wird entweder auf einem Teller mit Baguette oder Bandnudeln angerichtet oder klassisch im aufgeschnittenen Brötchen als Imbiss gereicht. Insbesondere wenn man das Schichtfleisch mit Brötchen ausgibt, bleibt sehr viel Sauce übrig. Diese können Sie einfrieren und für andere Gerichte als Fond verwenden.

Heubraten ★☆☆

Ergibt 6–8 saftige Portionen

Zutaten:

- 2½ kg Schweinenacken, am Stück ohne Knochen
- 3 Zwiebeln, gewürfelt
- 3 Karotten, gewürfelt
- 1 Stange Lauch, in dünne Ringe geschnitten
- 1 Tasse Sellerie, gewürfelt
- 250 ml Brühe oder Wein
- Saucenbinder
- Salz und Pfeffer
- 2 Handvoll Heu (z. B. vom Kleintierhändler)
- Butterschmalz zum Anbraten

Zubereitung:

1. Braten Sie das Fleisch in Butterschmalz von allen Seiten kräftig an. Dafür benötigen Sie viel Hitze unter dem Topf, später kommt noch wenig Hitze auf den Deckel.

2. Nehmen Sie dann das Fleisch aus dem Dutch Oven und braten Sie das gewürfelte Gemüse an. Löschen es mit Wein oder Brühe ab. Auf dieses Gemüsebett geben Sie das Heu. Würzen Sie den Braten kräftig mit Salz und Pfeffer und legen ihn in das Heubett. Das Heu sollte rund um den Braten locker anliegen. Der Braten muss jetzt wenigstens 2 Stunden garen, um auch richtig weich zu werden. Das Schweinefleisch ist bei einer Kerntemperatur von 75 °C fertig.

3. Sobald der Braten gar ist, legen Sie ihn zum Ruhen zur Seite und geben das Gemüse und das Heu zusammen mit dem Bratenfond durch ein Sieb. Das Gemüse und das Heu sind nicht zum Verzehr geeignet. Kochen Sie die Sauce auf und binden Sie diese mit Mehl oder Speisestärke.

Chili mit Maisbrotkruste ★★★

Ergibt 4–6 Portionen

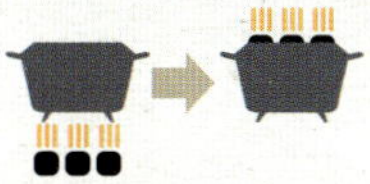

Zutaten Chili:

- 500 g Hackfleisch, halb und halb
- 500 g Zwiebeln, gewürfelt
- 1–5 Knoblauchzehen, je nach Geschmack
- 3 Paprika, rot, grün, gelb, gewürfelt
- 2 große Dosen Kidney-Bohnen, Flüssigkeit abgegossen
- 2 große Dosen Tomaten, gehackt
- 1 kleine Dose Mais, abgegossen
- 2 EL Tomatenmark
- 1 EL Paprikapulver, edelsüß
- 1 TL Cumin
- 1 TL schwarzer Pfeffer, gemahlen
- 1 TL Paprikapulver, scharf
- 1 EL Zucker
- Salz nach Geschmack
- Tabasco oder eine andere Hot Sauce
- Öl zum Anbraten
- ½ des Maisbrotteigs v. S. 79

Zubereitung:

1. Für das Chili braten Sie das Hackfleisch im Dutch Oven an, bis es braun und krümelig ist. Nehmen Sie das Fleisch heraus und braten die gewürfelten Zwiebeln, den Knoblauch und die Paprika an. „Kratzen" Sie eine Stelle frei und geben Sie das Tomatenmark direkt auf den Boden des Topfes, um es ebenfalls anzubraten. Jetzt kommen die restlichen Gewürze, Bohnen, Tomaten und das Fleisch in den Topf und alles wird mit viel Hitze von unten aufgekocht, es sollte nun ½ Stunde simmern. Wer den Mais knackig haben möchte, der gibt ihn erst 5 Minuten vor Ende der Garzeit dazu. Das Chili sollte nicht zu flüssig sein, weil sonst der Teig versinkt, evtl. lassen Sie etwas Flüssigkeit von den Tomaten weg.

2. Für das Maisbrot stellen Sie einen Teig aus der Hälfte der auf Seite 79 angegebenen Zutaten her und folgen Sie Schritt 1 – geben Sie hier aber nicht den Käse in den Teig. Zum Abbacken geben Sie den geriebenen Käse auf das Chili und darauf den Teig des Maisbrotes. Die Konsistenz des Teigs sollte so flüssig sein wie ein fester Pfannkuchenteig, sodass er gerade nicht mehr fließt und mit dem Teigschaber oder Löffel geglättet werden muss.

3. Backen Sie mit fast keiner Hitze von unten (etwa drei Kohlen, die sollen nur verhindern, dass das Chili auskühlt, sobald es kocht, kann sich keine Maisbrotkruste bilden) und starker Hitze von oben etwa 20 Minuten. Der Teig ist fertig, wenn er bei leichtem Druck nachgibt und dann seine ursprüngliche Form wieder annimmt. Vor dem Servieren lassen Sie den Dutch Oven 10 Minuten ohne Kohlen stehen.

Pulled Pork

Ergibt 10–12 üppige Burger

Zutaten:

1 Schweinenacken (2,5–2,8 kg)
BBQ-Gewürzmischung, nach Wahl (z. B. Magic Dust)
BBQ-Sauce, nach Wahl
2 Zwiebeln, in je 3 dicke Scheiben geschnitten
10–12 Hamburger-Buns
1 Tasse Wasser, Brühe, Wein oder Bier

Für die Marinadenspritze:

Wasser, 100 ml pro kg Fleisch
Grillgewürz, nach Wahl und Geschmack

Für den Bun-Belag:

Krautsalat, nach Belieben
Salzgurken, nach Belieben
Tomaten, nach Belieben
Zwiebeln, in Ringe geschnitten, nach Belieben
BBQ-Sauce, nach Belieben

Zubereitung:

1. Injizieren Sie dem Fleisch die vorbereitete Flüssigkeit am Vortag. Das Gewürz muss sehr fein gemahlen sein, sonst verstopft die Nadel. Massieren Sie das trockene Grillgewürz in die Oberfläche des Fleisches, wickeln Sie es fest in Frischhaltefolie oder vakuumieren Sie es und legen Sie es anschließend in den Kühlschrank. Das Fleisch sollte am nächsten Tag einige Stunden auf Zimmertemperatur gebracht werden, bevor es an das Kochen geht.

2. Schälen Sie die beiden Zwiebeln und schneiden Sie diese als „Opferzwiebeln“ in 3 dicke Scheiben, die Sie unten in den Dutch Oven legen; darauf kommt das Fleisch. Geben Sie eine Tasse BBQ-Sauce auf das Fleisch und eine weitere Tasse Flüssigkeit (Wasser, Brühe, Wein oder Bier) unten in den Topf.

3. Heizen Sie mit geringer Hitze unten und mittlerer Hitze oben, mindestens 4 Stunden. Das Fleisch sollte auf deutlich über 95 °C Kerntemperatur kommen. Das Fleisch wird während der gesamten Garzeit nicht bewegt. Sie können statt der Zwiebeln auch einen Gussrost unter das Fleisch legen, aber die Zwiebeln bringen zusätzlichen Geschmack.

4. Wenn die Kerntemperatur hoch genug ist und das Fleisch weich, wird es in eine Schüssel gegeben und „gepulled“, also mit den Händen oder mit zwei Gabeln zerrupft. Gießen Sie nach Geschmack weitere BBQ-Sauce und den Sud aus dem Topf dazu. Das Fleisch sollte eine gleichmäßige Masse aus weichen Fasern und härteren Teilen der Kruste bilden. Jeder Gast nimmt sich mit einer Zange etwas auf sein Hamburger-Bun, dazu noch mehr BBQ-Sauce und je nach Belieben etwas Krautsalat, Salzgurke, Tomate oder Zwiebelringe …

Brisket ★★★

Ergibt 9–12 saftige Portionen

Zutaten:

2–3 kg Brisket (Rinderbrust) ohne Knochen, vom Großteil des Fetts befreit, für den Dutch Oven passend zugeschnitten
5 Zwiebeln, in grobe Stücke geschnitten
2 Karotten, in grobe Stücke geschnitten
1 Tasse Sellerie, in grobe Stücke geschnitten
2 Tassen BBQ-Sauce, nach Wahl, vorzugsweise eine rauchige Note
2–3 EL Pfeffer und Salz, grob geschrotet, gemischt
Fett zum Braten

Zubereitung:

1. Würzen Sie am Vorabend das Brisket im texanischen Stil: Mit einer Mischung aus grob geschrotetem Pfeffer und Salz, jeweils zu gleichen Teilen. Rechnen Sie mit etwa 1 Esslöffel pro kg Fleisch. Geben Sie am nächsten Tag reichlich Butterschmalz oder anderes hocherhitzbares Fett in den Dutch Oven und braten Sie das Fleisch von allen Seiten scharf an. Dann nehmen Sie es aus dem Dutch Oven und braten das Gemüse an. Geben Sie das Fleisch wieder dazu und gießen Sie die BBQ-Sauce hinein.

2. Bei wenig Ober- und Unterhitze sollte das Fleisch eine Kerntemperatur von 90 °C erreichen. Prüfen Sie beim Hineinstechen des Thermometers nicht so sehr die Temperatur, sondern achten Sie eher auf die Konsistenz des Fleisches. Wenn es sich weich und gleichmäßig anfühlt, ist es fertig. Stößt die Nadel auf viel Widerstand, dann muss das Fleisch noch weiter garen.

3. Nachdem das Brisket eine Kerntemperatur von über 90 °C erreicht hat, nehmen Sie das Fleisch heraus und lassen Sie es in Alufolie in einer Thermobox auf 95 °C ziehen. Zwischenzeitlich können Sie die Flüssigkeit aus dem Dutch Oven durch ein Sieb geben. Dicken Sie diese Flüssigkeit etwas an oder pürieren Sie einfach das zerkochte Gemüse mit einem Mixer und schon ist eine tolle Sauce fertig.

Rippchen ★★★

Ergibt so viele zarte Ribs wie Sie wollen

Zutaten:

Rippchen
BBQ-Gewürzmischung, nach Wahl

Apfelsaft oder Cola, zum Angießen und für die Sauce

BBQ-Sauce, nach Wahl

Zubereitung:

1. Ziehen Sie von den Rippen die Silberhaut ab, wenn das der Metzger nicht schon gemacht hat. Dann massieren Sie das Gewürz in die Rippchen ein. Stellen Sie die Rippchen zum Durchziehen 1–2 Tage in den Kühlschrank.

2. Stapeln Sie sie im Dutch Oven, sodass möglichst viele hineinpassen. Gießen Sie eine Tasse Flüssigkeit an. Nun garen Sie mit geringer Hitze unten und mittlerer Hitze oben die Rippchen, bis das Fleisch von den Knochen fällt. Das dauert etwa 2–4 Stunden.

3. Sobald die Rippchen weich sind, bereiten Sie einen Grill für das direkte Grillen vor, auf dem sie eine Kruste bekommen. Aus dem Apfelsaft, oder der Cola, und einer BBQ-Sauce kochen Sie eine Sauce, die so klebrig ist, dass sie gut an den Rippchen haftet. Bepinseln Sie die Rippchen von beiden Seiten und legen Sie diese auf die direkte Zone des Grills, bis die Zuckeranteile in der Sauce karamellisieren.

Ochsenschwanzsuppe ★★★

Ergibt 2–4 Portionen

Zutaten:

- 1 kg Ochsenschwanz
- 200 g Speck, gewürfelt
- 1 Karotte, gewürfelt
- 1 Petersilienwurzel, gewürfelt
- ½ Sellerieknolle, gewürfelt
- 2 Zwiebeln, gewürfelt
- 2 EL Tomatenmark
- 10 Pfefferkörner
- 5 Pimentkörner
- 2 Lorbeerblätter
- 1 EL getrockneter Majoran
- 1 Glas Rotwein
- Mehl
- Madeira zum Abschmecken
- Wasser
- Pfeffer und Salz
- Fett zum Anbraten

Zubereitung:

1. Wässern Sie die Ochsenschwanzstücke 1 Stunde in Salzwasser. Wälzen Sie die Stücke rundum in Mehl und braten Sie den Schwanz von allen Seiten kräftig in dem Fett im Dutch Oven an. Geben Sie den gewürfelten Speck dazu und im Anschluss das gewürfelte Gemüse und das Tomatenmark. Braten Sie alles gut an, geben Sie die Gewürze dazu und löschen Sie mit dem Rotwein ab. Gießen Sie mit Wasser auf, sodass alle Stücke komplett bedeckt sind.

2. Mit wenigen Kohlen von unten und ohne Oberhitze lassen Sie die Suppe wenigstens 3 Stunden simmern, bis das Fleisch von den Knochen fällt und sich das Bindegewebe aufgelöst hat.

3. Nehmen Sie das Fleisch aus der Brühe und lassen es abkühlen, bis Sie es anfassen können. Dann sammeln Sie das Fleisch von den Knochen, schneiden es in mundgerechte Stücke und stellen es warm.

4. Geben Sie die Brühe mit dem Gemüse durch ein Sieb und wieder zurück in den Dutch Oven. Das Gemüse können Sie entsorgen, es hat seine Schuldigkeit getan und den Geschmack an die Suppe abgegeben. Geben Sie das Fleisch zurück in die Brühe und schmecken Sie mit Madeira, Pfeffer und Salz ab.

Erbsensuppe ★★☆

Ergibt 8–10 wärmende Portionen

Zutaten:

750 g Erbsen (getrocknet), über Nacht eingeweicht
1 kg Schweinenacken oder Kassler Koteletts
250 g Rippenspeck, gewürfelt
5 Zwiebeln, gewürfelt
2 Tassen Lauch
1 Tasse Sellerie
1 Tasse Karotten
Pfeffer und Salz
Majoran
Wasser

Zubereitung:

1. In einem Dutch Oven etwas Fett erhitzen und den in Würfel geschnittenen Rippenspeck zusammen mit den gewürfelten Zwiebeln anbraten. Den Lauch in Ringe und die Karotten in Scheiben schneiden, den Sellerie und den Schweinenacken würfeln. Zusammen mit den Erbsen zum Speck hinzugeben und mit Wasser auffüllen.

2. Mindestens 1, besser 2 Stunden köcheln lassen, dann mit Pfeffer, Salz und Majoran abschmecken und noch ¼ Stunde weiterköcheln lassen.

3. Sie können den Topf an einem Dreibein über ein Feuer hängen oder Kohlen verwenden. Hauptsache, die Hitze kommt kontinuierlich von unten.

Feuriger Bohneneintopf

Ergibt etwa 10 feurige Portionen

Zutaten:

- 1 kg Hackfleisch
- 1 kg Zwiebeln, gehackt
- 1 gr. Dose weiße Bohnen
- 1 gr. Dose rote Kidney-Bohnen
- 2 kl. Dosen Chili-Bohnen
- 2 gr. Dosen geschälte Tomaten
- 1 gr. Glas rote Paprika in Streifen, sauer eingelegt
- 2 TL Paprikapulver edelsüß
- 2 TL Salz
- 2 TL Pfeffer, gemahlen
- Olivenöl zum Anbraten
- Chilipulver nach Geschmack
- 2 l Brühe

Zubereitung:

1. Das Hackfleisch in Olivenöl mit starker Hitze anbraten und zerkrümeln; aus dem Dutch Oven nehmen und die gehackten Zwiebeln in frischem Olivenöl anbraten. Das angebratene Hackfleisch zurück in den Topf geben.

2. Die Tomaten aus der Dose mehrfach zerschneiden und in den Dutch Oven geben. Die Brühe in den Dutch Oven gießen. Danach die sauer eingelegten Paprikastreifen (mit Saft) und die anderen Bohnensorten (auch mit Saft) hinzufügen, mit den Gewürzen abschmecken und mindestens ½ Stunde kochen lassen.

Mac'n'Cheese ★★☆

Ergibt etwa 4 Portionen

Zutaten:

- 300 g Hörnchennudeln oder Makkaroni, al dente gekocht
- 3 EL Butter
- 3 EL Mehl
- 3 Tassen Milch
- 2 Tassen Cheddar oder Emmentaler (wer es milder mag), gerieben
- Pfeffer und Salz

Für die Kruste:

- 1 Tasse Paniermehl
- 3 EL Butter
- ½ Tasse Parmesan, gerieben

Zubereitung:

1. Kochen Sie die Nudeln bissfest und gießen Sie das Wasser ab. Schmelzen Sie die Butter im Dutch Oven und geben Sie das Mehl dazu, warten Sie, bis die Mischung etwas Farbe angenommen hat. Fügen Sie die Milch hinzu und streuen Sie nach und nach den Käse in den Topf, sodass sich eine dicke Sauce bildet. Schmecken Sie mit Pfeffer und Salz ab, Sie dürfen ruhig etwas überwürzen, denn die Nudeln nehmen viel Geschmack auf.

2. Geben Sie die heißen Nudeln in den Dutch Oven und rühren Sie alles gut unter. Für die Kruste schmelzen Sie in einer Pfanne (oder dem Deckel des Dutch Ovens) die zweite Portion Butter und rühren das Paniermehl und den Parmesankäse unter, warten Sie, bis es etwas bräunt.

3. Geben Sie die Paniermehl-Mischung auf die Nudeln und backen Sie diese mit wenig Hitze unten und mittlerer Hitze oben zunächst 15 Minuten, damit auch die Masse unten heiß wird. Geben Sie zum Ende hin alle Kohlen auf den Deckel, bis die Kruste goldbraun und knusprig ist.

Kartoffeln im Salzbett ★☆☆

Ergibt so viele Kartoffeln wie Sie wollen

Zutaten:

Kartoffeln
Salz, grob

Zubereitung:

1. Damit die gebackenen Kartoffeln ihren typischen Geschmack bekommen, brauchen Sie die mehligkochende Sorte und grobes Salz. Verteilen Sie auf dem Boden des Dutch Oven eine fingerbreite Schicht Salz, dann drücken Sie die Kartoffeln vorsichtig einzeln hinein.

2. Geben Sie den Deckel auf den Topf und backen Sie die Kartoffeln bei mittlerer Hitze von oben und unten. Stechen Sie die Kartoffeln nach 1 Stunde mit einer Gabel an, um zu prüfen, wie weit sie sind. Da Kartoffeln sehr unterschiedlich garen, kann man keine genaue Zeit angeben, wann sie verzehrbereit sind. Daher sollten Sie mit der Zubereitung der Kartoffeln lieber früher anfangen und diese, sobald sie fertig sind, mit wenig Glut auf dem Deckel warmhalten. Sie leiden geschmacklich nicht darunter und es ist allemal besser, als halbgare Kartoffeln aufzutischen. Noch leckerer werden die Kartoffeln, wenn Sie mit einer Marinadenspritze flüssige Butter oder Kräuterbutter in die gegarten Knollen spritzen. Lassen Sie die Kartoffel dann noch 10 Minuten im Dutch Oven ruhen, damit sich die Butter verteilen kann.

Süßkartoffelpommes ★☆☆

Ergibt so viele knusprige Süßkartoffelpommes wie Sie wollen

Zutaten:

Süßkartoffeln
BBQ-Gewürzmischung, nach Belieben

Zum Frittieren:

Kartoffelstärke
Frittierfett oder Öl

Zum Backen:

Salz
Öl
Dip oder Steaksauce, nach Wahl

Zubereitung:

1. Schälen Sie die Süßkartoffeln, schneiden Sie sie in Scheiben und diese Scheiben wiederum zu Stäbchen, sodass die entstandenen Pommes etwas dicker sind als normale Kartoffel-Pommes.

2. Bei der Zubereitung haben Sie die Wahl zwischen frittierten Pommes und einer kalorienärmeren Version. Zum Frittieren schwenken Sie die „Pommes“ in Kartoffelstärke, sodass sie rundum bedeckt sind und schütteln das „Zuviel“ ab. Erhitzen Sie im Dutch Oven eine Handbreit Öl oder Frittierfett, mit viel Hitze unten und ohne Hitze oben, auf 170 °C. Frittieren Sie die Pommes, bis diese schön braun und innen weich sind. Für die kalorienärmere Version salzen Sie die Pommes in einer Schüssel und geben etwas Olivenöl dazu. Kneten Sie die Pommes in der Schüssel, sodass diese komplett mit Öl benetzt sind und legen Sie sie in einen Dutch Oven. Backen Sie die Süßkartoffelpommes mit wenig Hitze von unten und viel Hitze von oben etwa ½ Stunde.

3. Prüfen Sie zwischendurch, wie weich die Pommes schon sind. Nach dem Garen – ganz gleich, ob frittiert oder gebacken – tropfen Sie die Pommes auf Küchenpapier ab und salzen Sie nach. Sie können auch ihr Lieblings-Grillgewürz nehmen.

Bauernbrot ★★★

Ergibt etwa 1,2 kg herrlich duftendes Brot

Zutaten:

500 g Roggenmehl, Typ 1150
500 g Weizenmehl, Typ 550
2 Tütchen Trockenhefe
2 Tüten Sauerteig
(entspricht 1 Tasse)
1 TL Salz
warmes Wasser

Zubereitung:

1. Kneten Sie die Zutaten mit einer Küchenmaschine zu einem Teig, bis er die richtige Konsistenz hat; etwas feuchter als „erdfeucht", aber auch nicht so flüssig wie Pfannkuchenteig. Geben Sie den Teig in eine bemehlte Schüssel, decken Sie ihn ab und lassen ihn bei Zimmertemperatur ruhen, bis sich der Teig verdoppelt hat. Dann kneten Sie den Teig noch einmal kurz, um den Laib zu formen. Lassen Sie den Teig noch etwa 1 Stunde gehen, bepinseln Sie ihn mit etwas Wasser und legen Sie ihn dann in einen gut bemehlten Dutch Oven.

2. Backen Sie das Brot bei geringer Hitze unten und mittlerer Hitze oben. Kontrollieren Sie das Brot nach 15–20 Minuten, nach 30–45 Minuten sollte es fertig sein. Der Boden zieht sich nach oben und es klingt hohl, wenn man auf den Boden klopft. Sie können auch mit einem Bratenthermometer die Kerntemperatur messen, diese sollte bei 95 °C liegen. Nehmen Sie das Brot aus dem Dutch Oven und lassen Sie es auf einem Rost abkühlen.

Focaccia ★★☆

Ergibt etwa 700 g italienische Focaccia

Zutaten:

500 g Weizenmehl, Typ 550
1 Tütchen Trockenhefe
1 EL Salz
1 EL Zucker
½ Tasse Olivenöl
warmes Wasser
etwas Olivenöl
zum Bestreichen
Salz, grob

Zubereitung:

1. Mischen Sie die trockenen Zutaten gut durch und geben Sie das Öl dazu. Dann wieder vermengen, bis sich das Öl im Teig verteilt hat. Geben Sie nach und nach etwas Wasser hinzu, bis ein geschmeidiger Teig entsteht, der sich von der Schüssel löst. Lassen Sie diesen an einem warmen Ort gehen, bis er sich verdoppelt hat. Kneten Sie ihn anschließend etwas und formen Sie einen Fladen. Drücken Sie mit den Fingern einige Vertiefungen in den Teig.

2. Geben Sie den Fladen in den Dutch Oven und lassen Sie ihn dort ein zweites Mal gehen. Bestreichen Sie die Oberfläche mit Olivenöl und bestreuen Sie sie mit dem groben Salz.

3. Backen Sie die Focaccia bei geringer Hitze unten und mittlerer Hitze oben etwa 30 Minuten.

Maisbrot ★★☆

Ergibt etwa 700 g Maisbrot

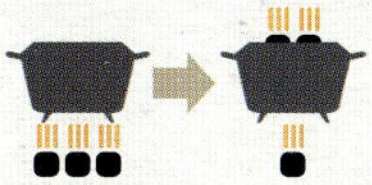

Zutaten:

- 2 Tassen Maismehl (das feine, nicht das für Polenta!)
- 2 Tassen Weizenmehl, Typ 550
- 2 Tütchen Backpulver
- 4 Eier, leicht geschlagen
- 3 Tassen Milch
- 2 Tassen Cheddar, gerieben
- 4 EL Öl
- 1 TL Salz
- 2 EL Zucker
- wer mag: Jalapeños, gewürfelt

Zubereitung:

1. Mischen Sie das Maismehl, das Weizenmehl und die anderen trockenen Zutaten, inklusive dem Käse, in einer Schüssel. In einer zweiten Schüssel verschlagen Sie die Eier, das Öl und die Milch. Mischen Sie dann die trockenen und flüssigen Zutaten. Sie können in das Maisbrot auch gehackte Jalapeños geben, um dem Ganzen mehr „Wumms" zu verleihen. Der Teig ist so weich wie Pfannkuchen- oder Waffelteig.

2. Es ist wichtig, den Dutch Oven so heiß wie möglich zu machen, damit der Teig sofort eine Kruste bekommt und nicht am Topfboden festklebt. Dazu legen Sie zunächst alle Kohlen unter den Topf.

3. Nach dem Aufheizen und Einfüllen des Teigs reduzieren Sie die Unterhitze und backen das Maisbrot dann in einem Dutch Oven mit geringer Hitze unten und mittlerer Hitze oben. Nach 30 Minuten sollten Sie prüfen, ob das Brot schon fest geworden ist

DAS ULTIMATIVE EINSTEIGERBUCH FÜR DEN TRADITIONELLEN ALLESKÖNNER

Ob in der Prärie über einem prasselnden Lagerfeuer, auf der heimischen Terrasse im Kugelgrill oder als Beilagenspender beim großen Familien-BBQ, der Dutch Oven ist ein Must-have für jeden Glutjünger!
Mit dem Multitalent kann man durch seine Ober- und Unterhitze alles zubereiten: gefüllte Datteln im Speckmantel, Pulled Pork, wärmende Suppen, köstliche Beilagen, frisches Brot und noch viel mehr.
Lagerfeuerkoch Carsten Bothe verrät Tipps und Tricks, damit bei Ihnen nichts schiefgehen kann.

Enthält alles, was jeder Einsteiger wissen muss:

- Was ist ein Dutch Oven und wie funktioniert er?
- Worauf muss ich beim Kauf achten?
- Welche Größe benötige ich?
- Welches Zubehör brauche ich?
- Wie reinige ich den Dutch Oven?
- Wie viele Kohlen benötige ich zum Kochen?

Vom Lagerfeuerkoch und Bestsellerautor Carsten Bothe

Der schnell verständliche Theorieteil und vielseitige und unkomplizierte Rezepte, die sich mit Leichtigkeit nachkochen lassen, bieten ein Rundum-sorglos-Paket.

ISBN 978-3-95843-867-5
9 783958 438675
EUR (D) 9,99
www.heel-verlag.de

Land & WERKEN

Ursula Kopp

NÜTZLINGE IM GARTEN

ANLOCKEN, ANSIEDELN, EINSETZEN

MIT BAUANLEITUNG FÜR INSEKTEN-HOTELS UND NISTHILFEN

HEEL